SPIEL & SPASS
FÜR'S GANZE JAHR

FRÜHLING

Almuth Bartl

Jllustrationen von
Konrad Golz

Tessloff

Hallo, Freunde!

Das ist Berti, der Kindergartenbär.
Was, du siehst ihn nicht? Dann nimm
aber schnell einen braunen Stift, und
male alle Felder aus, in denen ein ☆
zu sehen ist!

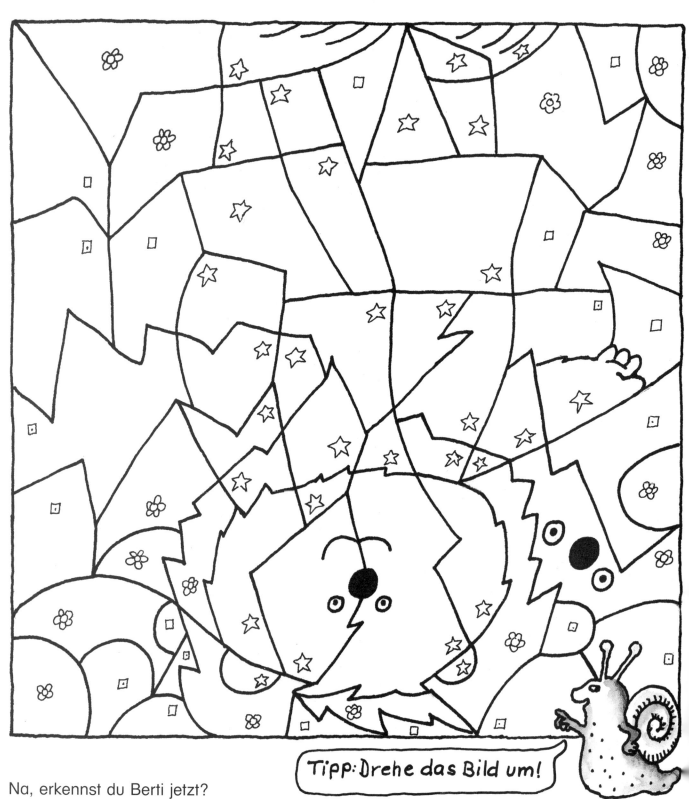

Na, erkennst du Berti jetzt?

Die Bärenfamilie

Hier siehst du die ganze Familie Bär.
Mama Bär, Papa Bär, Oma, Opa, die Susi,
das Bärenbaby Benjamin, und natürlich
den Berti.

3

Frühling in Bärenbach

Jedes Jahr im Frühling macht Onkel
Erwin Urlaub in Bärenbach. Er hat einen
Fotoapparat dabei und knipst viele,
viele Fotos.

Hier sind Onkel Erwins Fotos.
Wo hat er sie geknipst? Findest du die
Stellen im großen Bild? Kreise sie bitte
mit rotem Stift ein!

Onkel Erwins Fotoreihen

Onkel Erwin hat auch den Berti und seine Freunde fotografiert. Jn jeder Fotoreihe ist ein Bild ein kleines bisschen anders. Findest du diese Fotos? Dann male sie bitte aus!

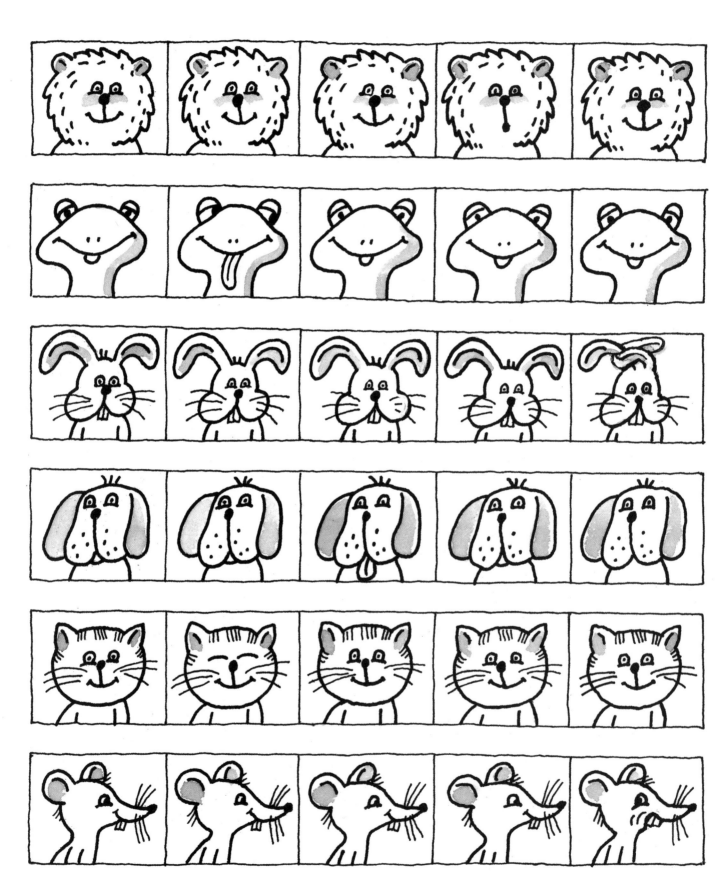

Ansichtskarten

Onkel Erwin hat sich zwei Ansichtskarten von Bärenbach gekauft. Er betrachtet sie ganz genau und stellt dann fest:

7

Wurli, das Murmeltier

Wurli, das kleine Murmeltier, ist gerade aus dem Winterschlaf aufgewacht. Es blinzelt und reibt sich die Augen. Verwundert schaut es sich um: „Oh, wie sieht es denn hier aus?"

Tatsächlich! Als sich Wurli im Herbst schlafen legte, sah es in seinem Haus ein bisschen anders aus!

Wenn du die beiden Bilder vergleichst,
kannst du zehn Veränderungen entdecken.
Kreise sie bitte ein!

Opa Bär im Garten

Opa Bär ist gerne im Garten. Damit alle Blumen wachsen können, vergisst er nicht, sie jeden Tag zu gießen.

Welchen Hahn muss Berti aufdrehen, damit Opa Bär seine Blumen gießen kann?

Blumenbilder

Opa Bär liebt Blumen. Darum sammelt er auch Blumenbilder.

Kinder-Garten

Berti darf helfen

Heute hilft Berti seinem Opa im Garten.
Streiche bitte die vier Dinge durch, die der
Berti für die Gartenarbeit bestimmt nicht
braucht!

Kressewiese für Ungeduldige

Toll, wie schnell die Kresse wächst!
So eine Miniwiese ist ganz einfach herzu-
stellen.

▶ Du brauchst:

1 Teller

1 Päckchen Kressesamen

Wasser

2 Papiertaschentücher

▶ Wichtig:
① Den Teller aufs Fensterbrett stellen.
② Die Samen immer gut feucht halten.

Papiertaschentücher

Sonnenblumen-Wettwachsen

Jedes Kind erhält etwa fünf Sonnenblumen-
kerne. Welche Geheimrezepte nun jeder
anwendet, um seine Blume gut und schnell
wachsen zu lassen, bleibt jedem Wett-
beteiligten selbst überlassen.
Wichtig ist nur der gemeinsame Start und
der gemeinsam festgelegte Zeitpunkt, an
dem die Pflanzen nachgemessen werden.
Derjenige, der die höchste Pflanze besitzt,
ist Sieger.
Oder die Wette wird anders formuliert:
Danach ist derjenige Sieger, dessen
Pflanze zuerst eine bestimmte Höhe (zum
Beispiel 1,50 m) erreicht hat.
▶ Nicht vergessen:
Jede Woche wird gemessen!

Gefärbte Tulpen

Ein besonders interessantes Experiment kannst du mit einer weißen Tulpe durchführen.

▶ Du brauchst:

| 1 weiße Tulpe | rote Ostereier-farbe | blaue Ostereier-farbe | 2 enge Gläser | 1 Messer | Wasser |

Jn die beiden Gläser füllst du etwas Wasser und gibst in ein Glas die rote, in das andere die blaue Ostereierfarbe.

Jetzt spaltest du ganz vorsichtig den Stiel der Tulpe mit einem scharfen Messer. Die Tulpe wird nun so ins Wasser gestellt, dass der eine Teil des Stiels im roten und der andere im blauen Wasser steht.

Durch die haarfeinen Kanäle des Stängels, in denen sonst das Wasser hinauf zur Blüte transportiert wird, fließt jetzt das mit Ostereierfarbe rot und blau gefärbte Wasser. Dass das Wasser auch tatsächlich in den Blütenblättern ankommt, siehst du nach einer Weile selbst. Ein Teil der weißen Blütenblätter färbt sich rot, der andere Teil blau.

Übrigens kann man dieses Experiment auch mit einer weißen Nelke, einer Dahlie oder einem Alpenveilchen durchführen.

Das Überraschungsbeet

Auch mit „reiner" Blumenerde kann man ein kleines Experiment durchführen.
Man gibt die Erde in eine flache Schale, stellt die Schale auf die Terrasse oder den Balkon und hält die Erde immer gut feucht. Der Wind trägt viele verschiedene Samen herbei, und es ist spannend zu beobachten, was schon nach kurzer Zeit alles in unserem Versuchsbeet keimt und wächst.

Alles wächst

Jm Frühling wachsen nicht nur die Pflanzen! Auch Menschen- und Tierkinder wachsen jetzt am besten.
Mit dieser Messlatte kannst du selber immer nachsehen, wie groß du schon bist.
Natürlich kannst du auch Freundinnen und Freunde, Kuscheltiere und vieles andere damit messen.

► So wird's gemacht:

⚀ Trenne diese beiden Seiten aus dem Heft heraus (aber erst, nachdem du dich mit den Seiten 13 und 16 beschäftigt hast).

⚁ Klebe die Seiten auf gleich großes Tonpapier oder anderes, möglichst festes Papier.

⚂ Schneide die sechs Messlattenteile an den schwarzen Linien aus!

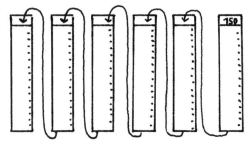

⚃ Klebe die Teile mit den Klebelaschen aneinander. Achtung: Ganz unten ist die Zahl ☐1☐, ganz oben die Zahl ☐150☐!

⚄ Bitte einen Erwachsenen darum, die Messlatte im Türrahmen oder an einer freien Wand anzubringen. Achtung: Die Zahl ☐1☐ ist ganz unten und berührt fast den Boden!

⚅ So, jetzt ist's geschafft. Nun kannst du gleich nachmessen, wie groß du bist. Wenn du deine Körpergröße auf der Messlatte markierst (zum Beispiel mit einem Bleistiftstrich), kannst du selber immer feststellen, ob du schon wieder gewachsen bist.

74	99	124	149
73	98	123	148
72	97	122	147
71	96	121	146
70	95	120	145
69	94	119	144
68	93	118	143
67	92	117	142
66	91	116	141
65	90	115	140
64	89	114	139
63	88	113	138
62	87	112	137
61	86	111	136
60	85	110	135
59	84	109	134
58	83	108	133
57	82	107	132
56	81	106	131
55	80	105	130
54	79	104	129
53	78	103	128
52	77	102	127
51	76	101	126
50	75	100	125

Berti hat Geburtstag

Was für eine Überraschung! Die ganze
Bärenfamilie ist versammelt. Alle singen
ein Geburtstagslied, und auf dem Tisch
steht eine wunderschöne Torte.
Wenn du die Kerzen auf der Torte zählst,
weißt du, wie alt Berti heute geworden ist.
Kreise die richtige Zahl ein!

Oh, was mag nur in den Päckchen sein?

Berti hat vier Geschenke zum Geburtstag bekommen.
Du hast bestimmt schon erraten, was in den Päckchen ist. Kreuze die vier Dinge im Kasten an!

Der Geburtstagskönig

Wenn die ganze Bärenfamilie so richtig gemütlich am Geburtstagstisch sitzt, ist der richtige Zeitpunkt für das Spiel „Geburtstagskönig" gekommen.
Alle essen, trinken oder unterhalten sich, bis der Geburtstagskönig Berti „Halt!" ruft. Sofort müssen alle Mitspieler „versteinern"! Niemand darf sich bewegen, nicht einmal wackeln, bis Berti „Weiter!" ruft.

Na, der Berti hat vielleicht gut aufgepasst! Gleich hat er jemanden erwischt, der sich bewegt hat. Vergleiche die beiden Bilder genau! Dann findest du die Person bestimmt auch heraus.

Ein lustiges Spiel! Das werde ich mit meiner Familie gleich heute beim Abendessen spielen!

Noch eine Überraschung

Berti hat gerade seine Geschenke ausge-
packt, da klingelt es an der Tür.
Schau die Bilder genau an! Kannst du die
Geschichte erzählen?

Das Honigbonbon-Suchspiel

Honigbonbons suchen ist Bertis Lieblings-
spiel.
Die Bärenmama hat im Garten zwanzig
Bonbons versteckt. Während die kleine Susi
nun **zweimal** das Lied „Bertilein ging allein

in die weite Welt hinein..." singt, darf Berti so
viele Bonbons einsammeln wie möglich.
Jst das Lied vorbei, muss der Berti aufhören.
Aber alle Bonbons, die er bis dahin gefunden
hat, darf er behalten.

Hast du auch Lust,
Honigbonbons zu suchen?
Bitte deine Mama, deine große Schwester
oder sonst jemand Lieben, ein Lied zweimal
hintereinander zu singen. Du nimmst einen
roten Stift und kreist damit so viele
Bonbons wie möglich ein.

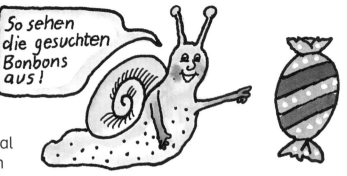

So sehen
die gesuchten
Bonbons
aus!

Na, wie viele Bonbons konntest du einsammeln?
Wenn du Lust hast, kannst du gleich noch
einmal spielen. Nimm aber jetzt einen
andersfarbigen Stift!

Das schönste Ei der Welt

Hilfst du dem Osterhasen beim Anmalen?

Der Eierdieb

„Hier klaut doch jemand meine Eier!"
schimpft der kleine Hase. „Ich male ein Ei
nach dem anderen an, aber die Eier in mei-
nem Korb werden nicht mehr, sondern
immer weniger!"
Tatsächlich, ein Eierdieb ist am Werk! Du
kannst ihn sehen, wenn du alle Kästchen
mit einem  ausmalst.

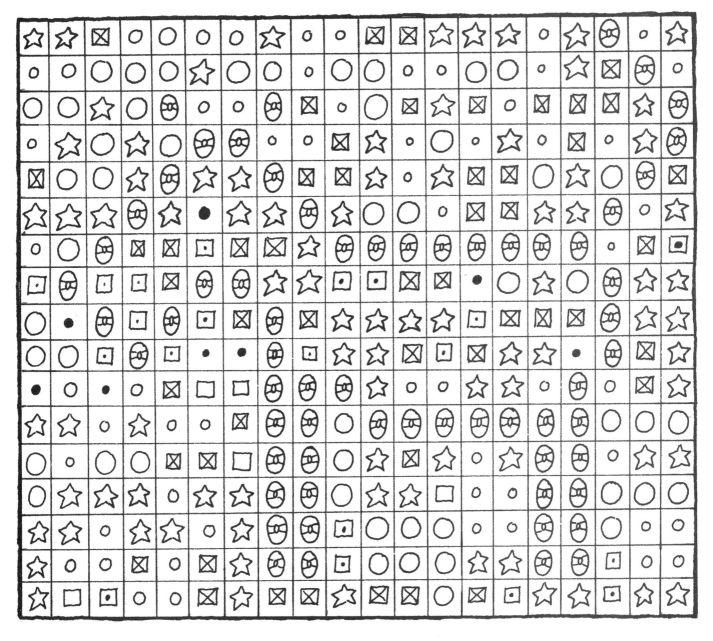

Wo bleibt der Osterhase?

Der Berti ist schon ganz traurig: „Ja, wann kommt denn der Osterhase endlich?"
Der Osterhase wäre schon längst da, wenn er nur den richtigen Weg finden würde.
Kannst du für den Osterhasen den Weg zum Berti einzeichnen?

Spiel und Spaß mit Ostereiern

Die Eier aus dem Hühnernest schenk' ich dir *zum Osterfest!*

Eierrollen

Jedes Kind bekommt ein hart gekochtes Ei. Von einem kleinen Hang werden die Eier hinuntergerollt.
Der Spieler, dessen Ei die längste Strecke zurücklegt, ist Sieger und erhält die Eier der Mitspieler als Gewinn.

Knautsch-Eier

Zwei Kinder stellen sich zum Eier-Knautsch-kampf einander gegenüber. Jedes Kind hält ein hart gekochtes Ei in der Hand.
Auf die Plätze, fertig, los! Die Eier werden mit Schwung gegeneinander geschlagen. Siehe da, nur ein Ei ist kaputt. Das bekommt der Sieger als Gewinn.

Puste-Eier

Jeder Eierpuster bekommt ein ausgeblasenes Ei und legt es vor sich auf den Boden. Dann gehen alle Kinder in Krabbelstellung und pusten, sobald sie das Startzeichen hören, ihre Eier die Pustestrecke entlang zum Ziel.
Das klingt viel leichter, als es in Wirklichkeit ist. Die Eier rollen nämlich sehr gerne ihren eigenen Weg!

Spaß mit Löwenzahn

Löwenzahn

Löwenzahn, Löwenzahn,
zünde deine Lichtlein an!
Lichtlein hell und Lichtlein weiß,
Lichtlein auf der Wiese.

Zauberkerzen stehn im Kreis.
Pust' ich oder niese,
löschen alle Lichtlein aus.
Dunkel wird's im Wiesenhaus.

Tausend Fünklein fliegen fort,
blühn an einem andern Ort.
Nächstes Jahr hebt's wieder an:
Löwenzahn, Löwenzahn!

Kurt Kölsch

Löwenzahnkringel

① Du brauchst eine Plastikwanne, die du mit etwas Wasser füllst.
② Nun pflückst du einen kleinen Vorrat an Löwenzahnblumen.
③ Die Blüten knippst du ab und
④ die Stängel schneidest du in verschieden lange Stücke.
⑤ Nun wird's schwieriger. Nimm jeweils ein Stück Stängel in die Hand, und ritze die Enden mit dem Fingernagel so ein, dass sie jeweils in vier Teile gespalten sind.
⑥ Lege die Stücke in die Wasserwanne und schaue genau zu.
⑦ Nach einer Weile drehen sich die eingeritzten Stängelteile nach außen und rollen sich ein. Wunderliche Löwenzahnkringelgeister entstehen. Ein Spiel, bei dem man gar nicht mehr aufhören will.

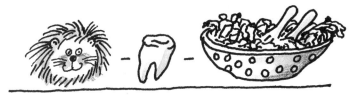

▶ Zutaten:

viele junge
Löwenzahnblätter

½ Zitrone

1 kleiner Strauß
Gänseblümchen

1 Teelöffel Zucker

1 kleiner Becher
Sauerrahm

100 g durchwachsener
Speck in Scheiben

Salz

▶ Küchengeräte:

Messer　　　Löffelchen

Zitronenpresse

Holzbrettchen　　Herd　　Salatschüssel　　kleine Pfanne　　1 großes Sieb　　Salatbesteck

▶ So wird's gemacht:

⚀ Pflücke ein voll junger  und einen kleinen Strauß .

⚁ Wasche die  und die Köpfe der gründlich in kaltem !

⚂ Während die und die im abtropfen, bereitest du die Soße zu:

⚃ Vermische den , den , den und ½ in der .

⚄ Schneide jetzt den  mit dem auf dem in sehr feine . Gib die in die , und brate sie kurz auf dem an!

⚅ Mische die  und die mit der Soße in der . Streue kurz vor dem Essen die gebratenen über den Salat!

27

Der Wettlauf der Tiere

Jedes Jahr im Frühling findet in Bärenbach der Wettlauf der Tiere statt. Dieses Jahr treten der Hund, die Katze, der Hase und die Maus gegeneinander an.

▶ Vorbereitung:
Schneide die vier Tiere mit den Stegen sorgfältig aus (aber erst, nachdem du das Rezept von Seite 27 ausprobiert hast)! Knicke dann jeden Steg nach hinten. Jetzt können die Tiere stehen.

Steg nach hinten knicken!

Tipp!

Damit die Spielfiguren möglichst lange halten, solltest du sie mit Pappe versteifen.

Achtung!

Du kannst alleine spielen oder mit beliebig vielen Mitspielern.

▶ Jetzt geht's los:

Alle Spielfiguren werden auf die Startfelder gestellt.

Fällt eine ⚀, so wird die 🐱 um ein Feld nach vorne gerückt, bei einer ⚁ darf der 🐰 ein Feld vorrücken, bei einer ⚂ der 🐶 , und bei einer ⚃ die 🐭 Würfelt jemand eine ⚄, dürfen alle Tiere ein Feld nach vorne laufen. Fällt eine ⚅, so darf das Tier um ein Feld nach vorne, das bisher noch am wenigsten weit laufen konnte.

Welches Tier wird den Wettlauf gewinnen?

ZIEL

Spiel und Spaß bei Regenwetter

Jch wünsch' mir einen Regenbogen

Einen klitzekleinen Regenbogen kannst du dir gleich selber basteln.

Du brauchst dazu ein Glas mit Wasser, ein weißes Blatt Papier und ein paar Sonnenstrahlen.

Stelle das Wasserglas so auf das Fensterbrett, dass es in der Sonne steht. Halte jetzt das Papier hinter das Glas! Es erscheint, wie von Zauberhand, ein kleiner, kunterbunter Regenbogen.

Der Regenbogen

Ein Regenbogen,
komm und schau!
Rot und orange,
gelb, grün und blau!

So herrliche Farben
kann keiner bezahlen,
sie über den halben
Himmel zu malen.

Jhn malte die Sonne
mit goldener Hand
auf eine wandernde
Regenwand.

Josef Guggenmos

30

Regentropfen, die ans Fenster klopfen...

Wenn es draußen ganz fürchterlich regnet und der Wind den Regen an dein Fenster peitscht, holst du dir einen Stuhl, schiebst ihn ans Fenster und betrachtest mal eine Weile die Regentropfen.

Lustig, wie sie die Fensterscheibe entlanglaufen, sich mit anderen Regentropfen verbinden und wie auf einer Slalomstrecke die Scheibe hinunterrinnen.

Regentropfen-Rennen

Für dieses spannende Wettrennen brauchst du einen Spielpartner.

Jeder von euch beiden sucht sich einen Regentropfen aus, der gerade oben auf der Fensterscheibe gelandet ist, und verfolgt ihn mit den Augen, bis er am unteren Fensterrand angekommen ist.

Na, welcher Regentropfen war schneller?

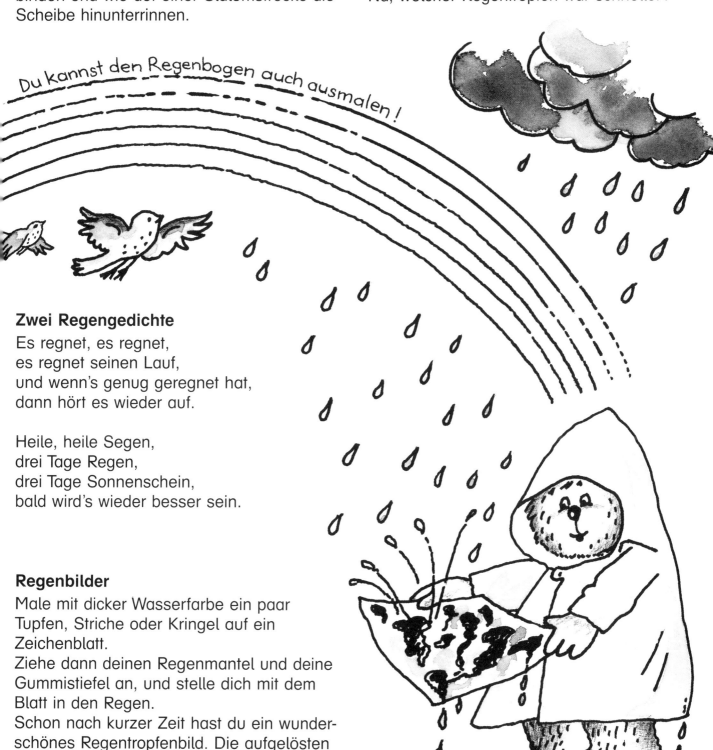

Du kannst den Regenbogen auch ausmalen!

Zwei Regengedichte

Es regnet, es regnet,
es regnet seinen Lauf,
und wenn's genug geregnet hat,
dann hört es wieder auf.

Heile, heile Segen,
drei Tage Regen,
drei Tage Sonnenschein,
bald wird's wieder besser sein.

Regenbilder

Male mit dicker Wasserfarbe ein paar Tupfen, Striche oder Kringel auf ein Zeichenblatt.

Ziehe dann deinen Regenmantel und deine Gummistiefel an, und stelle dich mit dem Blatt in den Regen.

Schon nach kurzer Zeit hast du ein wunderschönes Regentropfenbild. Die aufgelösten Farben verschwimmen ineinander und hinterlassen tolle Tropfenspuren.

Berti sagt „Gut' Nacht"

Kannst du ein bisschen reimen? Versuche, das letzte Wort in jedem Vers selbst zu finden!

Gute Nacht, mein lieber Hund,
bleib bis morgen früh (gesund)!

Gute Nacht, Susanne, schlaf
tief und fest, du dummes (Schaf)!

Gute Nacht, mein Teddybär,
iss nicht den ganzen Honig (leer)!

Gute Nacht, ihr lieben Socken,
werdet über Nacht schön (trocken)!

Oma, Opa, gute Nacht,
heute wurde viel (gelacht)!

Gute Nacht, Mama, zum Schluss
gib mir noch ´nen dicken (Kuss)!

SPIEL & SPASS
FÜR`S GANZE JAHR
SOMMER

Guten Morgen, Berti!

Die Sonnenstrahlen haben Berti wachgekitzelt. Er strampelt die Bettdecke weg und läuft ans Fenster: „Was für ein wunderschöner Tag! Bestimmt wird es heute wieder recht heiß."

Aber bevor Berti ins Freie sausen kann,
muss er sich anziehen.

Suchst du mir bitte aus, was ich heute anziehen soll?

Schneide die richtigen Kleidungsstücke
aus, und klebe sie dem kleinen Bären an!
Lies aber vorher die Seite 36!

Das Bärentheater

Hast du Lust, ein kleines Bären-Finger-puppentheater zu veranstalten? Kein Problem! Die Fingerpüppchen sind schnell gebastelt:

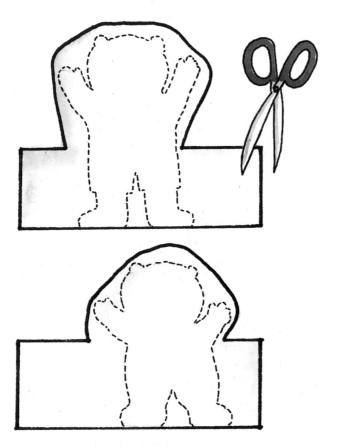

⊡ Schneide die Püppchen sorgfältig aus (bearbeite aber vorher Seite 38).

⊡ Wickle ein Fingerpüppchen um deinen linken Zeigefinger!
Lege die Klebestellen aufeinander, und verbinde sie mit einem Streifen Tesafilm.

⊡ Ziehe das Fingerpüppchen vorsichtig vom Finger! Stelle jetzt auf die gleiche Weise die anderen sechs Püppchen her!

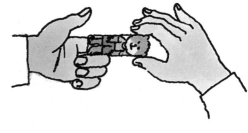

Sommerhitze

Streiche sieben Dinge durch, die es im Sommer nicht gibt, oder die man im Sommer nicht braucht!

Sommerhitze

Kinder, ist das eine Hitze!
Kinder, ist das heute heiß!
Nur zwei Sachen gibt's, die nützen:
Badengehen oder Eis.

Darum nur nicht lang gefackelt,
schnell die Badehose her!
Jst auch unser kleines Schwimmbad
leider nicht das große Meer.

Morgen gehen wir wieder baden –
und der Winter ist so weit!
Sonnenschein und Wasserplanschen!
Herrlich ist die Ferienzeit!

Christel Süßmann

Male bitte die Dinge, die übriggeblieben sind, bunt aus!

Die Vogelzwillinge

Auf dem Baum sitzen zehn Vögel. Zwei davon sind Zwillinge. Sie sehen genau gleich aus.
Findest du die beiden? Dann male sie bitte aus.

Kunterbunter Wolkenspaß

Berti liegt im Gras und betrachtet die Wolken. Auf einmal hat er einen lustigen Gedanken:

Das würde bestimmt toll aussehen, wenn die Wolken nicht weiß, sondern bunt wären. Vielleicht sogar kariert, geringelt und gepunktet!
Hast du Lust, die Wolken zu verwandeln?

Liebe Sonne, scheine auf Arme, Bauch und Beine! Heute lieg' ich faul im Gras und träume was.

Jm Zoo

Heute darf der Berti mit seinem Opa in den Zoo.
Vor Bertis Lieblingstier bleiben die beiden ganz lange stehen.

Male alle Felder aus, in denen du dieses Zeichen 🞉 entdeckst! Wenn du fertig bist, siehst du, welchem Tier die beiden Zoobesucher zuschauen.

Zu Hause erzählt Berti seiner Schwester
Susi, was die Tiere im Zoo alles können.
Kennst du diese Tiere schon?

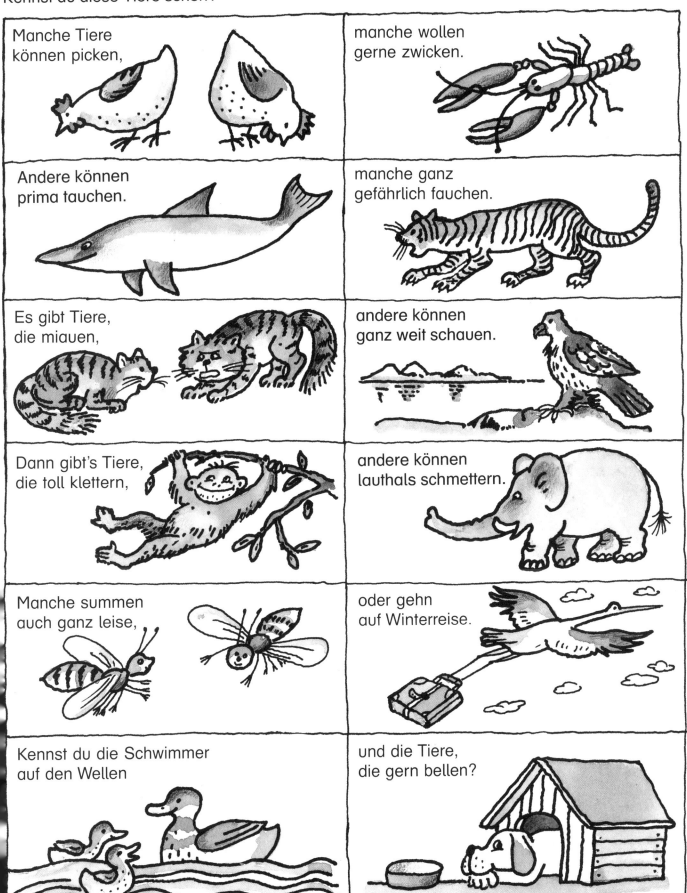

Manche Tiere
können picken,

manche wollen
gerne zwicken.

Andere können
prima tauchen.

manche ganz
gefährlich fauchen.

Es gibt Tiere,
die miauen,

andere können
ganz weit schauen.

Dann gibt's Tiere,
die toll klettern,

andere können
lauthals schmettern.

Manche summen
auch ganz leise,

oder gehn
auf Winterreise.

Kennst du die Schwimmer
auf den Wellen

und die Tiere,
die gern bellen?

Der Streich

Sonntag in Bärenbach. Bei diesem schönen Wetter hat jeder Bärenbacher etwas anderes vor. Aber Berti und seine Freunde haben den Erwachsenen einen Streich gespielt und ihnen die Schuhe versteckt.

Findest du die sieben Paar Schuhe und gibst sie ihren Besitzern zurück? Verbinde mit einem roten Stift!

Die Bilderausstellung

Also, so etwas hat es in Bärenbach noch
nie gegeben!
Die Ausstellung ist schon eröffnet, die
ersten Besucher sind da, aber Otto Bären-
brandt, der berühmte Künstler, hat seine
Bilder noch gar nicht fertig gemalt!
Hilfst du ihm schnell? Verbinde die Punkte!

Der Strandausflug

Bertis Kindergartengruppe macht heute
einen Ausflug an den Strand.

Alles einsteigen!

ruft die Kindergärtnerin. Jetzt muss jedes
Kind ganz schnell seine Tasche oder seinen
Rucksack finden.
Kannst du die Gepäckstücke richtig an die
Kinder verteilen?

Einmal hab' ich dir schon geholfen!

Am Strand

Was für ein herrlicher Tag! Berti hat gerade
eine große Muschel gefunden. Siehst du sie?
Findest du auch die ganz rechts dargestell-
ten Dinge im großen Bild wieder? Dann
kreuze sie an!

49

Die Wunschkiste

Berti macht einen Spaziergang am Strand.

Da entdeckt er eine alte Holzkiste, die anscheinend in der letzten Nacht angespült wurde.

Auf dem Deckel der Kiste steht eine Nachricht:

Achtung, Wunschkiste! Wer diese Kiste findet, darf sich beim Öffnen etwas wünschen.

Tatsächlich! Berti kann es kaum glauben – sein Wunsch ist in Erfüllung gegangen.

Hier ist deine Wunschkiste! Was würdest du dir wünschen? Male es in die Kiste!

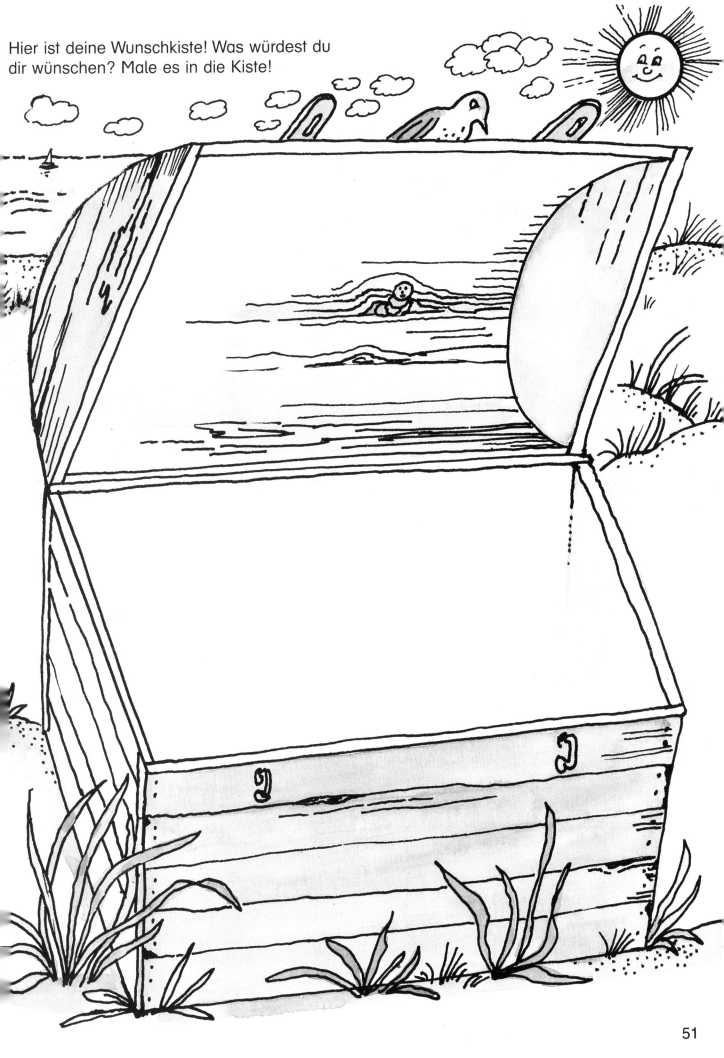

Der Eisverkäufer ist da!

Sieben Sorten Eis – da fällt die Auswahl schwer!

Dieses Riesen 🍦 ist für dich!
Welche Sorten nimmst du?
Male die Eiskugeln in den entsprechenden Farben aus!

Berti durfte sich drei Kugeln Eis kaufen.
Errätst du, welche Sorten er am liebsten isst

Gertrud geht zum Strand

Wenn Gertrud, das Badekrokodil, zum Strand geht, schleppt sie immer eine Menge Sachen mit. Aber nur an einem Tag hat sie genau diese Sachen dabei:

Kreuze das richtige Bild an!

Spiele im Sand

Sandbilder

▶ Du brauchst:

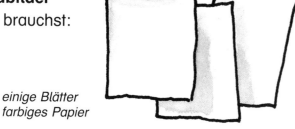

*einige Blätter
farbiges Papier*

1 Klebestift

*1 flache Kiste oder
1 Tablett mit Sand*

▶ So wird's gemacht:

⚀ Zeichne mit dem Klebestift ein
einfaches Bild auf das Papier.

⚁ Lege das Blatt mit der Klebeseite nach
unten auf den Sand! Streiche sanft über
die Rückseite des Papiers.

⚂ Hebe das Blatt wieder ab, und schüttle
es ein wenig, damit der überschüssige
Sand, der nicht angeklebt ist, abfällt.

⚃ Fertig!

Tropfburgen

Um eine Tropfburg bauen zu können, muss man entweder an einem Sandstrand sitzen, oder man spritzt mit dem Gartenschlauch so viel Wasser in eine Plastikwanne mit Sand, bis der Sand schön matschig ist.

Dann nimmt man immer eine Handvoll Sandmatsch und lässt ihn durch die Finger tropfen. Matschtropfen für Matschtropfen klebt aufeinander. So baut man mit viel Geduld eine tolle Matschtropfenburg mit möglichst hohen Türmen, einem Burggraben drumherum und was einem sonst noch Tolles einfällt.

Am Schluss kann man die Tropfburg noch mit „Strandgut", zum Beispiel Muscheln, Steinchen, kleinen Federn, … verzieren.

Muster im Sand

Jn feuchten, festen Sand lassen sich tolle Muster hineinmalen. Zuerst rahmt sich jeder Sandmaler mit dem Finger eine handtuchgroße Sandfläche ein:

Die Muster werden ebenfalls mit den Fingern, oder mit verschiedenen verfügbaren „Malwerkzeugen", in den Sand geritzt. Als Werkzeuge eignen sich:

Die Musterbilder können, genauso wie die Tropfburgen, am Schluss noch mit „Strandgut" verziert werden:

Berti räumt auf

„Ja, was ist denn hier für eine Unordnung, Berti!" schimpft die Bärenmama.

„Räume gleich die fünf Spielsachen in deine Spielkiste!"

Aber der Berti macht natürlich wieder Quatsch und steckt fünf andere Sachen in die Spielkiste.

Vergleiche die beiden Bilder ganz genau. Was hat der Berti weggeräumt? Kreuze die Sachen im oberen Bild an!

Rezepte aus der Bärenküche

Honig-Sahne-Eis

▶ Du brauchst:

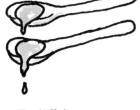

1 Becher süße Sahne

1 Päckchen Vanillezucker

2 Esslöffel flüssigen Honig

▶ Küchengeräte:

Handmixer

Rührbecher

Esslöffel

Gefrierbehälter mit Deckel

▶ So wird's gemacht:

⬚ Gieße die [Sahne] in einen [Rührbecher], und schlage sie mit dem [Handmixer] sehr steif!

⬚ Vermische den [Vanillezucker] und den [Honig] mit der steif geschlagenen [Sahne].

⬚ Fülle die Masse in einen [Gefrierbehälter], und stelle sie für einige Stunden in den oder in das Tiefkühlfach des Kühlschranks.

Honigberge

▶ Du brauchst:

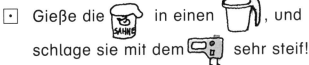

1 Banane

etwas Zitronensaft

1 Esslöffel flüssigen Honig

3 Esslöffel Sahnefrischkäse

▶ So geht's:
Zuerst wird die Banane geschält und in dicke Scheiben geschnitten. Damit die Bananenscheiben nicht braun werden, beträufelt man sie mit Zitronensaft.
Jn einer Schüssel wird der Frischkäse mit dem Honig verrührt.
Mit Hilfe von zwei Teelöffelchen sticht man kleine „Schneeberge" von der Masse ab und setzt jeden Berg auf eine Bananenscheibe.

← „Schneeberg"

← Bananenscheibe

Honigbutter

Honigbutter gibt es in Bärenbach nur sonntags! Zum Frühstück streichen sich kleine und große Naschbären die Honigbutter aufs Brötchen oder auf eine Scheibe Vollkornbrot.

▶ So wird die Honigbutter gemacht:
1/2 Stück (125 g) weiche Butter und 2 Esslöffel flüssiger Honig werden mit dem Handmixer gut vermischt.
Die Masse streicht man in ein kleines Schälchen und lässt sie im Kühlschrank fest werden.

Das Zauberbild

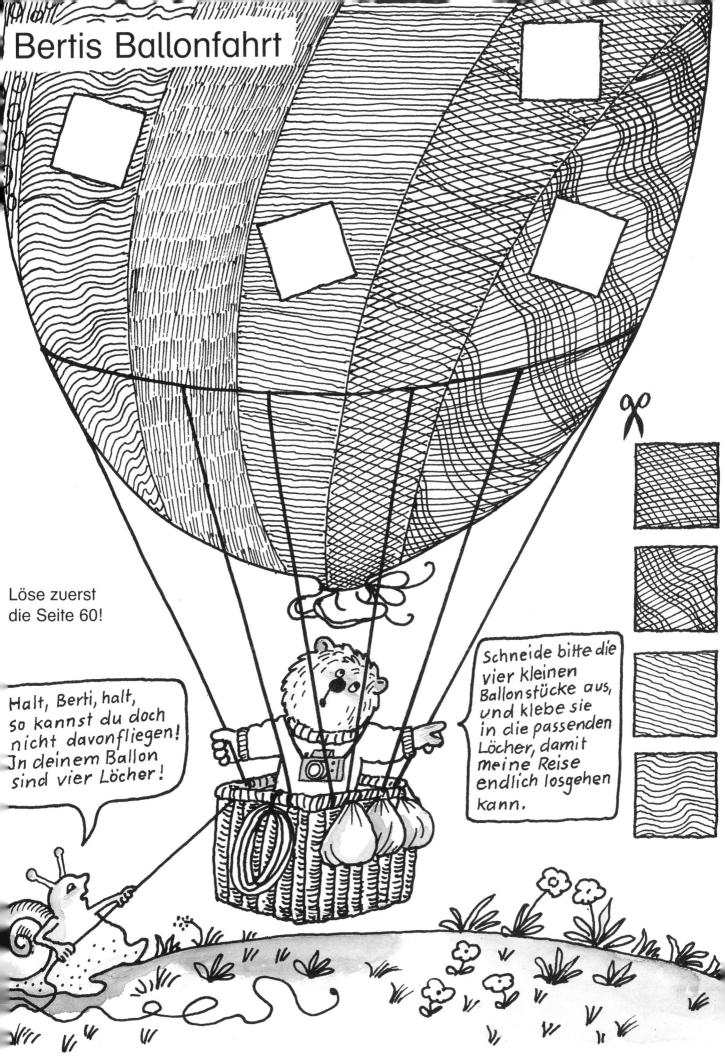

Eine Reise mit dem Ballon

Berti, Susi und der Bärenpapa machen eine kleine Reise mit dem Heißluftballon. Berti knipst von oben jede Menge Fotos.

Hier sind Bertis Reisefotos. Kannst du erkennen, was er da fotografiert hat?

Alle fotografierten Dinge sind auf der linken Seite zu sehen.

Bertis Reisefotos

Die Urlaubsreise

Familie Bär fährt in den Urlaub. Aber wohin?
Du bekommst es heraus, wenn du dem Auto
mit rotem Farbstift vorausfährst.

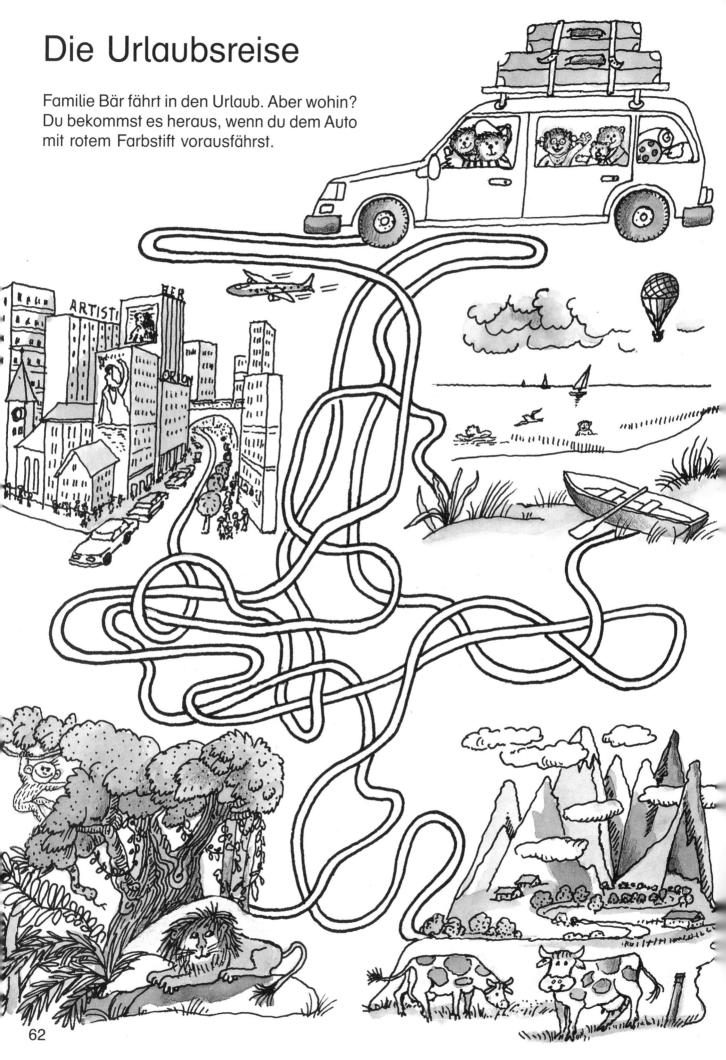

Die Sommerferien-Andenkenseite

Ganz egal, ob du in den Sommerferien verreist oder zu Hause bleibst, bestimmt wirst du eine Menge erleben!

Unterschriften von netten Leuten, denen ich in den Ferien begegnet bin:

- _____

- _____

- _____

- _____

- _____

Klebe hier Eintrittskarten, Fahrkarten und Ähnliches ein!

Das war super!

Male hier ein Bild von deinem tollsten Ferienspaß!

Die Heimreise

Familie Bär tritt die Heimreise an. Damit es den Kindern nicht langweilig wird, spielen sie „Jch sehe was, was du nicht siehst!"
Gerade ist Berti an der Reihe: „Jch sehe was, was du nicht siehst, und das ist schwarz, hat vier Beine, frisst Gras und kann schnell laufen."
Findest du heraus, was der Berti beschrieben hat?

Suche dir doch auch ein Tier oder einen Gegenstand aus, und spiele mit Eltern, Geschwistern oder Freunden weiter!

SPIEL & SPASS
FÜR'S GANZE JAHR

HERBST

Guten Morgen, liebe Kinder!

Na, hat sich Berti nicht schön bunt
angezogen?
Was? Du findest seine Anziehsachen gar
nicht bunt? Dann nimm doch bitte ein paar
Buntstifte, und male seine Sachen an!

Morgens in Bärenbach

Auf diesen Bildchen kannst du selber sehen, was der Berti am Morgen so alles macht.
Kannst du die Bilder ordnen?

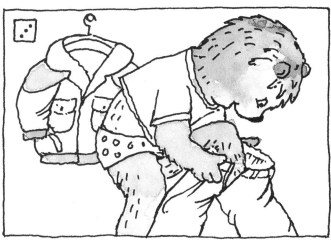

Trage die Erkennungspunkte der Bilder in der richtigen Reihenfolge hier ein:

Meine Schwester Susi

Susi ist im September in die Schule gekommen. Zum ersten Schultag hat sie eine
riesige Schultüte mit lauter tollen, bunten
Sachen bekommen.

Schau dir die Süßigkeiten und Spielsachen
in der Schultüte genau an, und male die
ausgepackten Dinge auf der rechten Seite
in den gleichen Farben aus.

Na, ist dir was aufgefallen?
Ein Ding fehlt auf dieser Seite.
Das hat die Susi mir geschenkt!

Bonbon

Spiel und Spaß im Herbst

Die Herbstsaurier kommen!

Jm Herbst, wenn die Hagebutten reifen,
wenn Eicheln, Blätter und Kastanien von
den Bäumen fallen, ist die Bastelzeit
gekommen.
Vielleicht hast du Lust und bastelst gleich
mit?

Tipps!

Zum Verbinden von Kopf und Körper
dient meistens ein kleines Hölzchen von
einem Zweig, ein Zahnstocher oder ein
Streichholz.
Zum Vorbohren der Löcher nimmt man einen
längeren Nagel.

Kastanien

Kommt alle,
hier gibt's was,
hier liegt was
im Gras.

Da liegen
Kastanien.
Zehn werfen wir
bis Spanien.

Aber die andern,
die wir entdecken,
tragen wir heim
in unseren Säcken.

Und machen dort
aus den Kugeln, den braunen,
eine Herde
zum Staunen.

Josef Guggenmos

70

Kastanien-Zielwurf

Mit ein paar Kastanien können wir bei schlechtem Wetter ein spannendes Zielwerfen veranstalten.

Zuerst sucht sich jeder Spieler fünf Kastanien aus und malt auf die hellen Seiten je einen Punkt in einer bestimten Farbe. Der Berti malt zum Beispiel rote Punkte auf seine Kastanien, die Susi kennzeichnet ihre Kastanien mit blauen Punkten.

Hinter einen Sessel wird jetzt ein Eimer gestellt. Die Spieler begeben sich etwa zwei Meter vor den Sessel an die Abwurflinie. Dann heißt es „Start frei!" fürs Zielwerfen. Wenn alle Kastanien verschossen sind, laufen wir um den Sessel herum und schauen, wie viele Kastanien im Eimer gelandet sind – und natürlich, wem diese Kastanien gehören.

Kastanien-Schaukel

Jhr braucht einen Korb, ein Stückchen Schnur und pro Spieler fünf Kastanien. Den Korb hängt ihr mit der Schnur an einen geeigneten Ast eines Baumes. Tippt den Korb ein bisschen an, so dass er schaukelt. Etwa zwei Meter vom Baum entfernt stellt ihr euch auf und werft nacheinander eure Kastanien in den Korb. Für jeden Treffer bekommt der jeweilige Spieler einen Punkt. Manchmal muss der Korb gerechtigkeitshalber noch ein bisschen nachgeschaukelt werden, damit das Spiel für alle Kinder gleich schwierig ist.

Nach dem Werfen werden die danebengefallenen Kastanien wieder eingesammelt – und los geht's zur zweiten Schaukelrunde!

Das Herbstfest

Auf dem Bärenbacher Herbstfest ist
was los!
Berti hat sich einen Luftballon gekauft. Den
findet Susi so schön, dass sie unbedingt
haargenau den gleichen will.
Ob der Luftballonverkäufer wohl noch so
einen hat?

Das Riesenrad

Gerade als die Maler damit fertig sind, die Gondeln des Riesenrads anzustreichen, kommt ein heftiger Regenguss und wäscht die ganze Farbe wieder ab!
Du kannst die Gondeln bestimmt genauso gut bemalen! Berti fährt in einer roten Gondel, seine Schwester in einer blauen. Opa und Oma sitzen in einer braunen Gondel, das Schweinchen fährt in einer gelben und der Frosch natürlich in einer grünen.

Die Gondel mit der Nummer 3 ist orange. Hier wäre noch Platz für dich! Hast du Lust mitzufahren? Dann male dich oder klebe ein Bild von dir hinein!

Bertis Drachen

Na, gefällt dir mein Drachen? Natürlich wäre er bunt noch viel schöner! Malst du ihn aus?

Der Papierdrachen

Jch segle stolz in blauer Höh´
und lache auf euch nieder.
Wenn ich die Welt von oben seh´,
freut mich das Leben wieder.
Ein ganzes Jahr musst´ ich daheim
in einem Winkel liegen.
Nun aber darf ich glücklich sein,
darf fliegen, fliegen, fliegen!

Vera Ferra-Mikura

Beim Drachensteigen

Toll, was für ein schöner Herbstwind
heute weht! Die Kinder lassen ihre Drachen
steigen.
Aber welcher Drachen gehört welchem
Kind? Ziehe die Schnüre in verschiedenen
Farben nach!

Fredis Drachen ist rot, Susis Drachen ist
blau. Der größte Drachen ist grün und der
kleinste gelb. Kannst du sie in den richtigen
Farben ausmalen?

Die Suche im Laubhaufen

Die Kinder von Bärenbach waren sehr fleißig. Schau mal, was für einen riesigen Berg bunter Blätter sie aufgetürmt haben!

Nur die Schneckenmama freut sich gar nicht über den großen Laubhaufen. Ihre fünf Schneckenbabys haben sich nämlich darin versteckt, und die Mama soll sie nun suchen. Hilfst du ihr ein bisschen?

Basteln und spielen mit Laub

Toben im Laub

Das ist das herrlichste Vergnügen im Herbst
– ein frisch zusammengerechter Berg Laub.
Was man da alles spielen kann!
Anlauf nehmen und – schwups! – ins Laub
fallen, oder wie wäre es mit einer Schatz-
suche? Dazu „vergräbt" ein Kind einen
besonders schönen Stein im Laub, und die
anderen müssen suchen. Wer einen ganz

großen Laubberg im Garten hat, der kann
sich auch mal selber im Laub verstecken
und suchen lassen.
Laub, das schon länger am Boden liegt und
bereits am Vermodern ist, sollte man besser
in Ruhe lassen! So ein Laubhaufen bietet
nämlich vielen Tieren Schutz für die
kommende kalte Jahreszeit.

Blättermännchen

Solche Blättermännchen sehen lustig aus
und sind wirklich schnell gebastelt.
Drei Blätter werden der Länge nach zusam-
mengeklebt, obendrauf kommt ein Kopf
aus Papier mit einem aufgemalten Gesicht,
und unten baumeln zwei Papierbeine unter
dem Blätterkleid hervor.

Die Laubsauger

Jedes Kind bekommt einen Strohhalm und
einen Eimer. Nun begeben sich alle „Laubsauger" an eine Stelle, wo viel Laub liegt,
die Eimer werden „geparkt", und dann
geht's auch schon los.
Jeder Spieler versucht, mit seinem Strohhalm ein Blatt anzusaugen und es auf diese
Weise – natürlich ohne Zuhilfenahme der
Hände! – zu seinem Eimer zu transportie-
ren. Ist das Blatt glücklich in den Eimer
gesegelt, läuft man gleich zum nächsten
Blatt: Schnelligkeit ist Trumpf!
Denn: Nach etwa fünf Minuten werden alle
Blätter gezählt, die in den Eimern gelandet
sind. Wer ist der beste Laubsauger?

Der Ausflug

Gestern hat Fräulein Heidelbeer mit der ganzen Kindergartengruppe einen Ausflug unternommen. Das war schön!
Aber stell dir vor, plötzlich war ein Kind verschwunden! Wenn du die beiden Bilder vergleichst, bekommst du bestimmt heraus, welches Bärenkind auf dem zweiten Bild fehlt.

Sicherlich hast du auch unseren Berti auf den Bildern entdeckt. Malst du ihn bitte aus?

Jetzt geht die Post ab!

Bärenpost

Jm Herbst haben Menschen und Bären Zeit, Briefe zu schreiben. Berti kauft gleich einen ganzen Bogen Briefmarken.

Aber schau mal ganz genau! Die Briefmarken sind nicht alle gleich. Fünf Fehler kannst du entdecken!

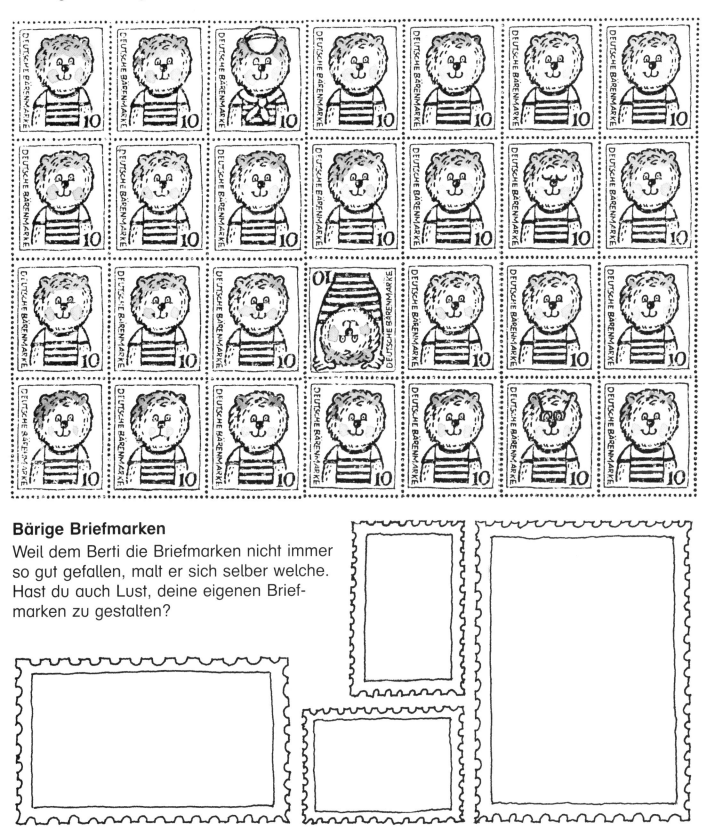

Bärige Briefmarken

Weil dem Berti die Briefmarken nicht immer so gut gefallen, malt er sich selber welche. Hast du auch Lust, deine eigenen Briefmarken zu gestalten?

Sturm in Bärenbach

Frau Bärger hängte die Wäsche auf, die Nachbarskinder spielten im Sandkasten, der Bärenpostbote trug wie jeden Tag die Briefe aus.
Niemand in Bärenbach konnte ahnen, dass schon im nächsten Augenblick der erste heftige Herbststurm losbrausen sollte!

Nach dem Sturm wurden diese Dinge im
Bärenbacher Fundbüro abgegeben.
Weißt du, wohin die Dinge gehören? Suche
sie im großen Bild.

Spiel und Spaß mit Zeitungspapier

Zeitungsbilder

Alle Tiere sitzen ganz brav um Berti herum,
denn der hat versprochen, jedem sein Eben-
bild aus Zeitungspapier zu reißen.
Erkennst du die Zeitungstiere? Verbinde
bitte jedes Tier mit seinem Zeitungsbild!

Ein Tier hat noch kein Zeitungsbild bekommen und ist ein bisschen traurig. Vielleicht
kannst du ihm helfen und ihm selbst ein
Zeitungsbild reißen? Klebe es bitte hier
in das leere Kästchen ein!
Wenn dir das Reißen Spaß macht, dann
probiere auch, Männchen, Spielsachen,
Autos und andere Dinge zu reißen.

Eine lange Zeitungsschlange

Am meisten Spaß macht das Schlangen-reißen, wenn mehrere Kinder gemeinsam dazu antreten. Jeder bekommt einen gleich großen Bogen Zeitungspapier. Dann heißt es „Achtung, fertig, los!", und das Spiel kann beginnen.

Vorsichtig, an einer Ecke des Bogens beginnend, reißt man nun an einer Bogen-kante entlang hinunter zur nächsten Ecke und so weiter. Nur zerreißen darf die Schlange nicht!

Wer reißt die längste Zeitungsschlange?

Tipp!

Wer alleine spielt, der versucht einfach, seinen eigenen Schlangenrekord weiter zu überbieten, indem er das nächste Mal eine noch dünnere und dadurch am Ende längere Schlange reißt!

Schatzsuche im Kinderzimmer

Für dieses Spiel solltet ihr mindestens zu zweit sein; je mehr Kinder aber mitspielen, um so lustiger wird es.

Zuerst knüllt ihr halbe Bogen Zeitungs-papier zu festen, dicken Zeitungsperlen. Mindestens zehn Zeitungsperlen solltet ihr zum Spielen haben.

Einem Spieler werden jetzt die Augen mit einem Tuch verbunden. Die anderen Spieler verteilen die Zeitungsperlen auf dem Kinderzimmerboden.

Nun macht sich der „blinde" Spieler an die Arbeit. Er soll möglichst viele Zeitungs-perlen einsammeln!

Viel Zeit bleibt ihm aber dazu nicht! Der oder die Mitspieler singen „Alle meine Ent-chen" oder ein anderes bekanntes Lied. Jst es zu Ende, ist auch die Zeit der Schatz-suche vorrüber.

Wie viele Perlen konnte der Schatzsucher einsammeln? Gibt es vielleicht einen Mitspieler, der das Ergebnis noch über-bieten möchte? Dann beginnt gleich die zweite Runde von „Schatzsuche im Kinder-zimmer".

Laut und leise

Auf der rechten Seite siehst du Kinder, Tiere oder Dinge, die entweder ganz leise oder ganz laut sind.

Schneide die Bildchen aus, und klebe sie auf dieser Seite entweder in den Laut- oder in den Leise-Kasten.

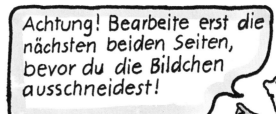

Achtung! Bearbeite erst die nächsten beiden Seiten, bevor du die Bildchen ausschneidest!

Jeder braucht ein Zuhause

Ob Mensch oder Tier, jeder braucht einen gemütlichen Platz zum Wohnen. Gerade im Herbst richten sich die Menschen und Tiere ihre Wohnungen ganz besonders behaglich für die bevorstehende kalte Jahreszeit ein.

Welches Tier ist so stark, dass es sein Haus auf dem Rücken tragen kann?

Die 👁

Wer wohnt in welchem Haus?
Du bekommst es bestimmt schnell heraus.
Verbinde jeden Menschen und jedes Tier
mit seinem Zuhause!
Wenn du magst, kannst du die Bilder auch
noch bunt ausmalen.

Achtung! Jrgendwo zwischen den
Menschen, Tieren und Häusern hat sich der
Berti versteckt. Findest du ihn?

Apfelernte in Bärenbach

Jm Herbst werden die Äpfel reif und von den Bäumen geschüttelt.
Auf dem Baum in Bärenbach wachsen aber nicht nur Äpfel! Schau doch mal, was da noch so alles am Baum hängt!
Nimm einen Stift, und streiche alle Dinge durch, die ganz bestimmt nicht auf einem Apfelbaum wachsen.

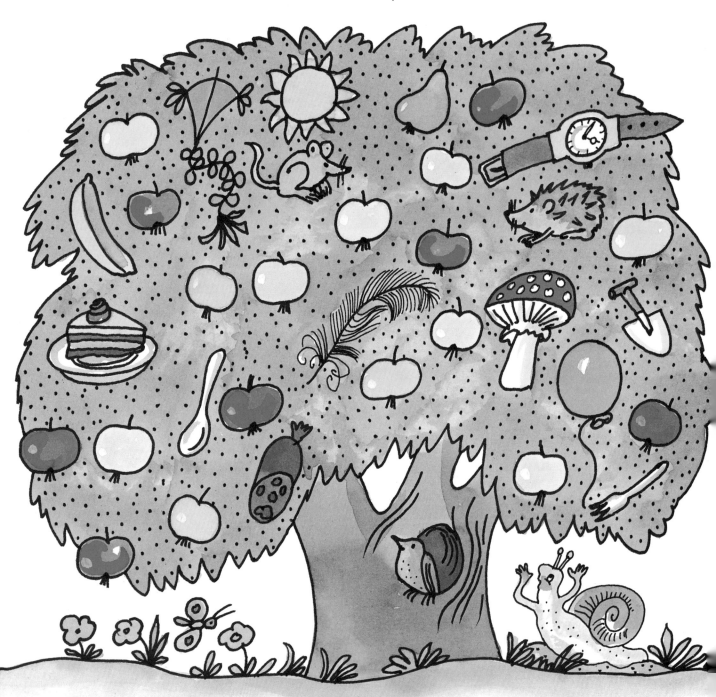

Jetzt werden die Äpfel gepflückt.
Nimm einen roten Stift, streiche Apfel für Apfel durch, und male je einen Punkt in das Körbchen seiner Farbe! Von welcher Farbe hast du die meisten gepflückt, von welcher die wenigsten?

 – im

▶ Zutaten:

Apfelmus

3 Esslöffel Zucker

½ Paket
Haferflocken

1 Becher Sahne

Vanillezucker

Zimt

½ Stück Butter

▶ Küchengeräte:

Pfanne

Kochlöffel

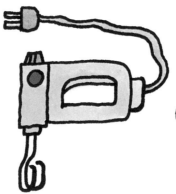
Mixer

Mixbecher

Glas oder
Glasschüssel

▶ So wird's gemacht:

⊡ Die in der  zerschmelzen lassen.

⊡ Die , und ZIMT in die  dazugeben. Die 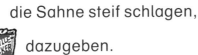 leicht anrösten. Nicht werden lassen!

⊡ Mit dem die Sahne steif schlagen, dabei den dazugeben.

⊡ Abwechselnd , die gerösteten und die steif geschlagene in das einfüllen.

HAFER-FLOCKEN →
SAHNE →
MUS →

Rosa Schweins Geburtstagsparty

Die Geburtstagspartys von Rosa Schwein lässt sich in Bärenbach und Umgebung niemand so schnell entgehen, weil Rosa für jeden Gast sein persönliches Lieblingsessen bereithält.

Bevor du die Verbindungslinien mit Farbstiften nachspurst, rate doch mal: Welche Leib-und Magenspeise gehört zu welchem Partygast?

Der Heimweg

Nach dem Fest begleitet Rosa alle
ihre Gäste nach Hause. Zuerst wird
Bello heimgebracht, dann Hoppel,
Karla, Erwin,
und zuletzt Berti.

Von dort aus geht Rosa wieder nach Hause.

Kannst du den Weg einzeichnen?

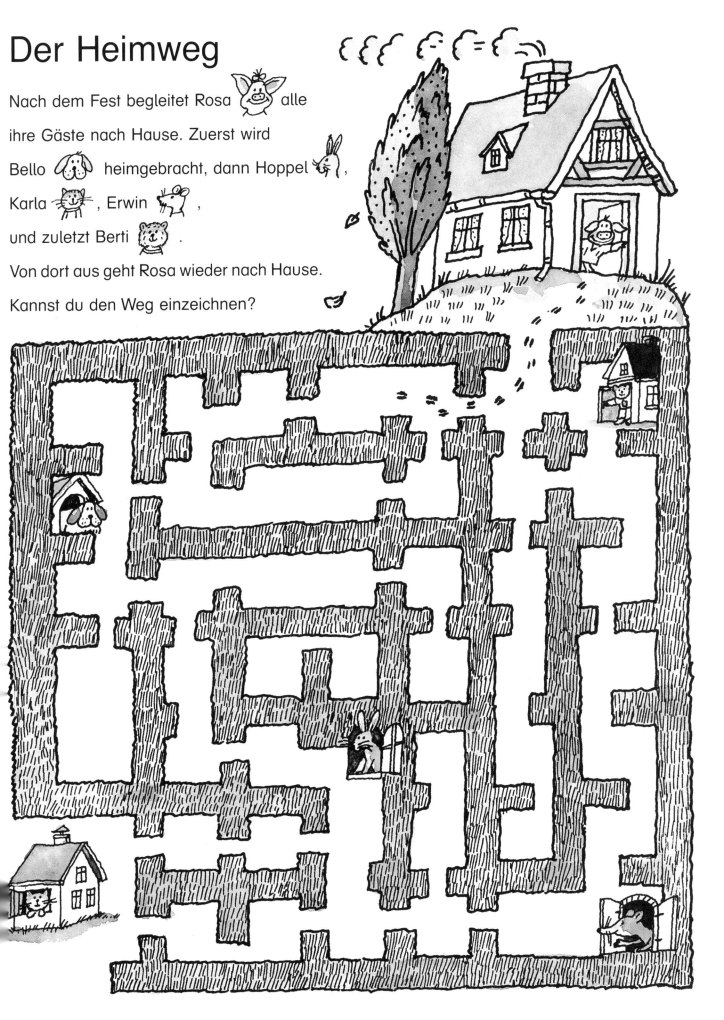

Vorher und nachher

Zu jedem Foto auf dieser Seite gehört ein Foto auf der rechten Seite, das kurze Zeit später geknipst wurde. Welche Bildpaare gehören zusammen?

Hast du die zusammengehörigen Fotos
gefunden?
Male die Ränder der Fotos auf dieser Seite
in den gleichen Farben aus, die die Ränder
ihrer Partnerbilder auf der linken Seite
haben.
Einmal hat Berti schon ein bisschen
geholfen.

, , , und

Heute findet in Bärenbach ein Laternenumzug statt. Berti ist natürlich auch dabei.

94

Laterne, Laterne, Sonne, Mond und Sterne,
brenne auf, mein Licht,
brenne auf, mein Licht,
aber nur meine liebe Laterne nicht!

Jch geh mit meiner ▨ ,

und meine ▨ mit mir.

Dort oben leuchten die ✦ ,

und unten leuchten wir.

Mein Licht geht aus,

wir gehen nach ⌂

Rabimmel, rabammel,

rabum!

Die vier Jahreszeiten

Ein Jahr hat vier Jahreszeiten:
Frühling, Sommer, Herbst und Winter.

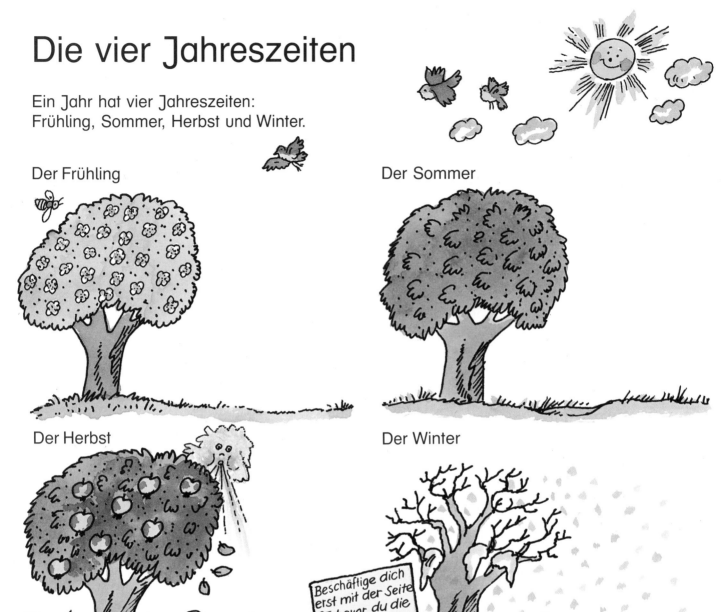

Der Frühling

Der Sommer

Der Herbst

Der Winter

Beschäftige dich erst mit der Seite 95, bevor du die Berti-Bilder ausschneidest.

Hier siehst du den Berti gleich viermal.
Jedes Bild gehört in eine andere Jahreszeit.

Schneide die Berti-Bilder aus, und klebe sie
bitte in die richtigen Jahreszeiten-Felder.

SPIEL & SPASS
FÜR`S GANZE JAHR

WINTER

Hallo, Kinder!

Jn Bärenbach hat es ganz fürchterlich geschneit. Bertis ganze Familie ist beim Schneeschaufeln. Da versteckt sich der Berti lieber ein bisschen und schaut den Schneeschauflern mit dem Fernglas zu. Findest du den Berti?

Nicht nur Berti hat sich versteckt. Auch der Bärenopa und Ludwig, sein Hund, haben ein gutes Versteck gefunden.

Wenn du magst, kannst du das Bild bunt ausmalen!

Ein Pinguin zu Besuch

Jedes Jahr im Winter, wenn der große See beinahe zugefroren ist, kommt Willi, der Pinguin, nach Bärenbach zu Besuch. Dabei spaziert er über die Eisschollen.

Kannst du für Willi den Weg von den Eisbergen nach Bärenbach einzeichnen?

Bildpartner gesucht!

Zu jedem Bild in der linken Spalte passt
ein Bild in der rechten Spalte.
Verbinde die passenden Bilder! Einmal hat
dir Berti schon geholfen.

Die Nüsse

Nüsseknacken

Holler, boller, Rumpelsack,
Nicklas trug sie huckepack,
Weihnachtsnüsse gelb und braun,
runzlig, punzlig anzuschaun.

Knackt die Schale, springt der Kern,
Weihnachtsnüsse ess ich gern.
Komm bald wieder in dies Haus,
alter, guter Nikolaus!

Albert Sergel

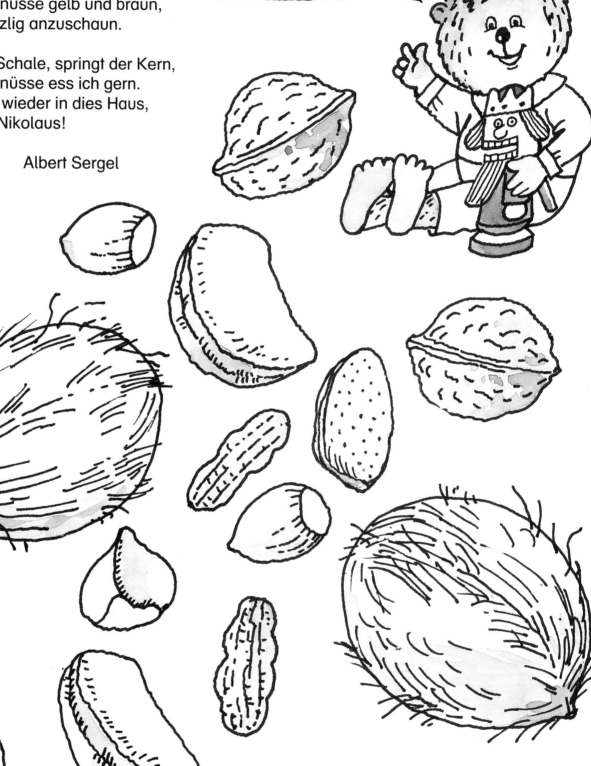

Schau nur, wie viele Nüsse ich bekommen habe! Immer zwei Nüsse sind genau gleich. Verbinde sie!

Lieblingsnüsse

Welche Nüsse isst du am liebsten?
Male sie aus.

102

Wilde Nüsse-Jagd

Alle Spieler sitzen am Tisch. Auf dem Tisch
steht ein Körbchen voller Nüsse.
Nun wird reihum gewürfelt. Jeder Spieler
nimmt sich aus dem Korb so viele Nüsse,
wie er Augen gewürfelt hat. Bei einer ⚃
darf sich der Würfle also vier Nüsse aus
dem Korb holen.
Würfelt ein Spieler aber eine ⚅, muss er
sechs Nüsse zurück in den Korb legen. Hat
er nicht so viele, legt er eben alle zurück in
den Korb, die er besitzt.
Würfelt ein Spieler eine ⚀, schenkt er dem
Mitspieler eine Nuss, der die wenigsten
besitzt.
Das Spiel endet, wenn das Nusskörbchen
leer ist.

Eichhörnchen

Dieses Spiel ist sehr spannend.
Auf dem Tisch liegen etwa zehn verschiedene Nüsse. Während ein Kind als
Eichhörnchen vor der Tür wartet, über-
legen die übrigen, welche Nuss „verzaubert" ist.
Das Eichhörnchen wird wieder hereinge-
rufen und darf nun vorsichtig Nuss für Nuss
einsammeln. Sobald es aber die „verzau-
berte" Nuss berühren will, rufen wir alle
zusammen: „Heiß!" Das Nüsse-Einsam-
meln ist für dieses Kind zu Ende.
Aber schon wird ein anderes Kind vor die
Tür geschickt. Wir ergänzen die Nüsse auf
dem Tisch, so dass wieder etwa zehn Stück
vorhanden sind, und wählen eine andere
Nuss aus, die nun „verzaubert" ist.
Jedes Kind darf die erbeuteten Nüsse auf-
essen oder in sein „Winterlager" tragen.

Ein Löffel Nuss

Alle sitzen im Kreis, jeder Spieler hält
einen Teelöffel am Stilende zwischen
den Zähnen.
Der erste Spieler legt eine Nuss auf seinen
Löffel, balanciert sie damit zu seinem
linken Nachbarn, der die Nuss mit seinem
Löffel abnehmen muss, und das natürlich
so vorsichtig, dass die Nuss nicht herunter-
kullert. So wandert die Nuss von Spieler zu
Spieler.
Ob ihr es schafft, die Nuss einmal um den
Tisch wandern zu lassen, ohne dass sie
vom Löffel purzelt?

Jm Spielzeugladen

Die Bärenoma kauft heute Weihnachts-
geschenke für ihre drei Enkelkinder Berti,
Susi und das Bärenbaby Benjamin.

Spielwaren

Für jedes Kind hat Oma das passende Geschenk gefunden. Wenn du die beiden Bilder vergleichst, weißt du auch, was die Oma in den Tüten hat.

Schnee macht Spaß!

Der Schneeflocken-Tanz

Die allerschönsten Schneeflocken kannst
du an einem nicht besonders kalten,
windstillen Tag fangen.
Du brauchst dazu ein großes Stück schwarzes Tonpapier. Stelle dich damit vor das
Haus, und fange einzelne, dicke Flocken
auf. Schau sie dir aber schnell an, bevor sie
schmelzen!

A, B, C

A, B, C, der Berti stand im Schnee.
Und als er dann nach Hause kam,
da hatt' er weiße Sachen an.
Juchhe, juchhe, juchhe,
der Berti liebt den Schnee!

Bunte Schneeflocken?

Stell dir doch mal vor, die Schneeflocken wären nicht weiß, sondern bunt! Das wäre ein lustiger Anblick!
Wenn du magst, kannst du jetzt gleich diese schönen Schneeflöckchen mit Buntstiften ausmalen.

Potz Blitz, ein kunterbunter Schneemann!

Der Stempel-Schneemann

▶ Du brauchst:

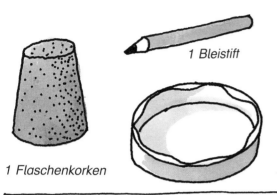

1 Bleistift

ein paar
Tropfen Wasser

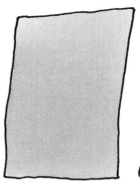

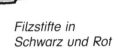

Filzstifte in
Schwarz und Rot

1 Deckel von einer
Milchflasche oder
einem Marmeladenglas

1 Flaschenkorken

1 Bogen
farbiges Tonpapier

1 Tube Deckweiß

▶ So wird's gemacht:

⚀ Bitte zuerst einen Erwachsenen oder die große Schwester oder den großen Bruder darum, dir mit Bleistift einen Schneemann auf das Papier zu zeichnen.

⚁ Drücke etwas Deckweiß in den Deckel, und verdünne es mit zwei bis drei Tropfen Wasser. Umrühren nicht vergessen! Nun kann der Stempelspaß beginnen:

⚂ Tauche ein Ende des Korkens in das Deckweiß, und drücke ihn auf dem Schneemann ab. Fülle den Schneemann auf diese Weise mit lauter Stempelabdrücken aus.

⚃ Fertig? Dann warte ein Weilchen, bis das Deckweiß getrocknet ist, und male dann mit dem schwarzen Filzstift die Augen, die Knöpfe und den Hut auf. Mit dem roten Filzstift malst du dem Burschen eine dicke, lange Nase und einen Mund.

Tipp!

Wer keinen Korken zum Stempeln findet, der kann auch einfach mit den Fingerkuppen stempeln!

Spiele im Schnee

Schneebilder

Bei diesem Spiel zeichnen wir sozusagen mit unseren Fußspuren ein Bild in die Schneefläche. Das können Tiere sein oder Blumen, Bäume oder andere Gegenstände, wie zum Beispiel eine Lampe, ein Auto, ein Bett, ein Riesenschuh oder einzelne Buchstaben und Zahlen.

Die Mitspieler raten, um welches Ding es sich handelt. Wer es zuerst beim Namen nennt, der gewinnt und darf gleich die nächste Figur in den Schnee treten.

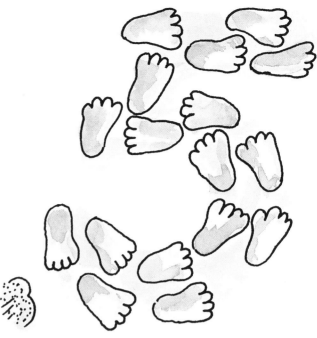

Der Hundeschlitten

Eine alte Decke oder eine Plastikplane wird auf dem Schnee ausgebreitet. Die „Schlittenhunde" begeben sich alle zu einer Seite der Decke und fassen ein Stück der Deckenkante an. Der ausgewählte „Eskimo" nimmt auf der Decke Platz, und los geht's!

Die Hunde rennen so schnell durch den Schnee, dass der Eskimo alle Mühe hat, sich auf dem Deckenschlitten zu halten. Puh, ganz schön anstrengend!

Bei der nächsten Pause darf der Eskimo den tüchtigsten Schlittenhund auswählen, der seinen Platz auf dem Schlitten einnehmen darf.

Der Mini-Schneemann

Kranke Freunde oder Geschwister, die nicht mit hinaus in den Schnee dürfen, freuen sich riesig, wenn man ihnen eine Schüssel Schnee zum Drinherummatschen oder einen Mini-Schneemann auf einem Teller ans Bett „serviert".

Weihnachtsbäckerei

Mmhh, so viele leckere Weihnachts-
plätzchen! Berti sucht alle Sterne heraus
und bestreicht sie mit Zitronenglasur.
Hilfst du mit? Male alle Sterne gelb aus!

Wie viele Sterne hast du gefunden?
Male für jeden ☆ einen Punkt in
dieses Kästchen!

Die verschwundenen Weihnachtsplätzchen

Die Bärenmama hat ein Backblech voller
Plätzchen auf den Küchentisch gestellt.
Doch am nächsten Morgen sind fast alle
Plätzchen verschwunden.
Wenn du die Krümelspuren verfolgst,
bekommst du bestimmt heraus, wer da
heimlich in der Nacht genascht hat!

Der Weihnachtsbaum

Die Kinder von Bärenbach durften den Weihnachtsbaum schmücken. Gefällt dir der Baum?
Dem Berti fallen fünf Dinge auf, die normalerweise nicht an einen Weihnachtsbaum gehören. Findest du sie auch?

Weihnachten in Bärenbach

Unter dem Weihnachtsbaum auf dem
Dorfplatz liegt für jedes Tier ein Geschenk.
Kannst du die Geschenke verteilen?
Verbinde bitte jedes Tier mit
seinem Geschenk.

in absonderlicher

Noch gestern stand ein 🧑‍🦲
im kleinen Garten dort.
Heut kam ich aus der ⛪,
da war der ☃️ fort.
Der Dickwanst ist geschmolzen,
denkst du vielleicht? Oh, nein!
Er nahm sich 🧸s 🛼 🛼
zur 🍦bahn mit hinein.
Dort dreht er seine 🌀,
sein Woll🧣 weht im 💨,
und rot ist seine 🥕,
so läuft er dort, mein Kind.
Er gl⬭tet wie ein M🍦ter.
Jch find´ es unerhört,
dass mit 🧸s neuen 🛼 🛼
der ☃️ 🛼 fährt!

Bruno Horst Bull

114

Der Schneemann beim Schlittschuhlaufen

Die Sonne scheint. Auf dem Eis sieht man den Schatten des Schneemannes. Aber nur ein Schattenbild passt wirklich ganz genau zu ihm.
Du findest es bestimmt. Kreise das richtige Schattenbild bitte mit einem roten Stift ein!

Noch ein Tipp: Bau dir doch einen klitzekleinen Schneemann, und stelle ihn in die Tiefkühltruhe! Dann hast du auch im Sommer noch einen!

Der Weihnachts-Futterbaum für Vögel

Die Kinder von Bärenbach haben eine tolle
Jdee: Nach dem Weihnachtsfest wird der
Baum nicht weggeworfen, sondern als
Futterbaum für die hungrigen Vögel im
Garten „eingepflanzt". Zusammen mit ihren
Eltern stellen die Kinder Futteranhänger
her und schmücken den Baum für die Vögel.

Sonnenblumenkerne

sind ein ideales Vogelfutter.
Die Köpfe der verblühten Sonnenblumen abschneiden, trocknen und mit Draht am Futterbaum befestigen. Die Vögel picken sich die Kerne selbst aus dem Blüteninneren.

Kokosnüsse

sind bei Vögeln sehr beliebt.
Eine Kokosnuss wird zuerst vorsichtig halbiert, und die Milch ausgeleert. Jn jede Nusshälfte werden etwa 2 cm unterhalb des Randes drei Löcher hineingebohrt:

Zum Aufhängen braucht man drei Stückchen Schnur (jedes etwa 30 cm lang). Die Schnurenden von außen ins Kokosnussinnere schieben und dort verknoten.

Tipp!

Kokosmilch schmeckt gut und ist gesund!

Futterbällchen im Netz

Eine Tasse Erdnussbutter und eine Tasse Margarine mischen. Soviel Vogelfutter dazugeben, dass sich Kugeln formen lassen. Jedes Futterbällchen in ein kleines Netz (zum Beispiel von Zitronen oder Mandarinen) stecken und an den Futterbaum hängen.

Berti verkleidet sich

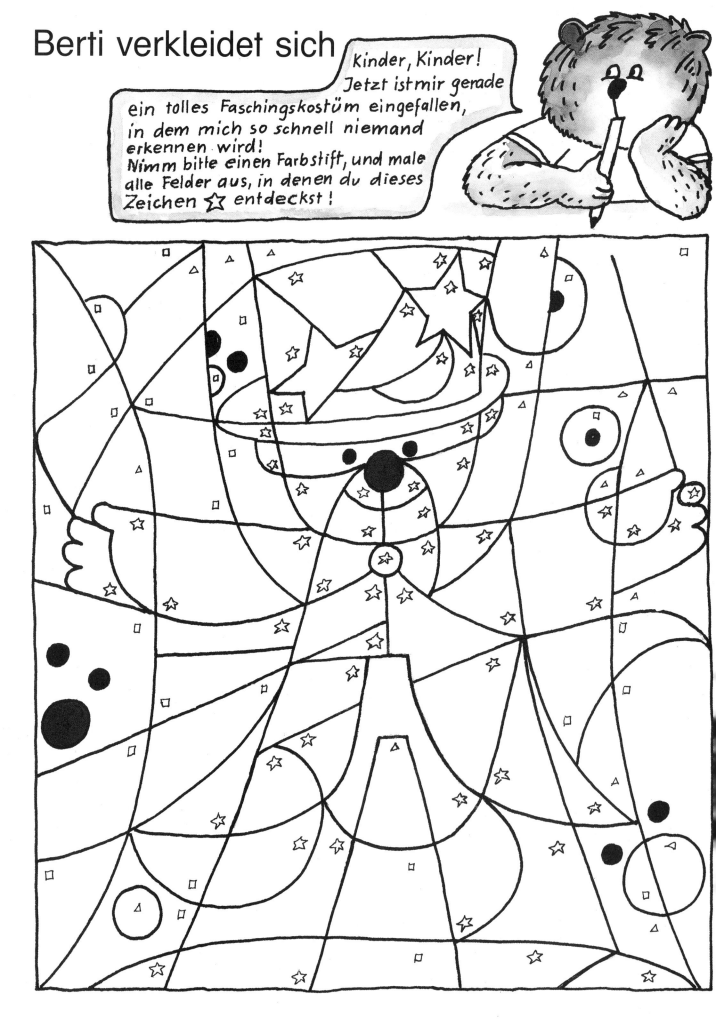

Hokus, pokus, fidibus!

Berti würde so gerne zaubern können. Hokus, pokus, fidibus – und schon würde er sich nur so zum Spaß in eine wilden Löwen verwandeln, und ein anderes Mal vielleicht in ein weiches, wuscheliges Häschen. Stell dir vor, du könntest dich selber verzaubern. Wie würdest du dann aussehen? Male dein Zauberbild hier in den Zauberhut!

Karneval in Bärenbach

Gut getarnt!

Berti hat zu seinem Faschingsfest fünf Tiere eingeladen. Aber die Tiere haben sich so gut verkleidet, dass Berti sie kaum mehr erkennt.

Kannst du jeden verkleideten Gast zu seinem Platz am Tisch führen?

Konfetti

Buntes Konfetti für das Faschingsfest kannst du dir selbst ganz schnell herstellen.

Du brauchst einen Locher und jede Menge bunte Papierreste. Schöne, bunte Seiten aus alten Jllustrierten oder Katalogen sind prima geeignet.

Dann wird gelocht und gelocht, bis der Behälter im Locher prall gefüllt ist. Schütte das Konfetti in eine Schachtel, und loche weiter, bis du genügend Konfetti hast.

Der Faschingszug

Dieses Jahr ist es beim Faschingszug in Bärenbach so turbulent zugegangen, dass sogar die Bildstreifen verrutscht sind! Kannst du hier Ordnung schaffen?

Schneide bitte die Streifen aus (aber erst, wenn du Seite 121 gelesen hast), und lege sie in der richtigen Reihenfolge zusammen! Die Würfel helfen dir.

Spiele für die Faschingsparty

Blitzschnelles Verkleiden

Fasching ist die Zeit des Verkleidens. Dabei braucht das Kostüm keineswegs perfekt sein. Je verrückter und komischer das Ganze, um so lustiger wird es auch für die Zuschauer.

Auf dem Boden liegen jede Menge Kleidungsstücke: Mäntel, Hosen, Schlafanzüge, Hüte, Schuhe, Sonnenbrillen, Taucherflossen und vieles mehr.

Ein Kind, das eine möglichst laute Stimme hat, gibt das Startzeichen zum Verkleiden und singt aus Leibeskräften ein kurzes Kinderlied; „Hänschen klein" oder „Es tanzt ein Bi-Ba-Butzemann" wären zum Beispiel gut geeignet.

Solange das Kind singt, dürfen sich alle anderen nach Herzenslust mit den bereitliegenden Dingen verkleiden. Jst das Lied vorbei, ist auch die Zeit der Kostümierung vorüber.

Alle verkleideten Ungetüme dürfen sich gebührend im Spiegel bewundern, eventuell wird die allerlustigste Verkleidung prämiert.

Tipp!

Fotografieren nicht vergessen!

Das Partymonster

So ein Monster besteht aus möglichst vielen Kindern, die hintereinander in Krabbelstellung auf dem Boden warten, bis ihnen der Spielleiter eine Bettlaken- oder Wolldecken„haut" überstreift. Erst wenn alle Kinder unter der Haut gut versteckt sind und nur noch der Kopf des Vordermannes herausschaut, setzt sich das Monster langsam in Bewegung.

Am besten hält sich jedes Kind an den Beinen des jeweiligen Vorkrabblers fest, damit sich das arme Monster beim Spazierengehen durch die Wohnung nicht in mehrere Teile zerlegt.

Gefüllte Abschiedsballons

Vor dem Kinderfest werden die noch nicht aufgeblasenen Ballons heimlich mit kleinen Überraschungen gefüllt, zum Beispiel Bonbons, winzigen Spielzeugtieren oder -autos, Murmeln, 10-Pfennig-Stücken, Kaugummis, . . ., und erst anschließend aufgeblasen.

Jst die Party zu Ende, darf jedes Kind einen gefüllten Ballon mit nach Hause nehmen. Wenn der Ballon später platzt, kommt noch eine nachträgliche Festüberraschung zum Vorschein.

Berti, der Anziehbär

Die Festhalter auch mit ausschneiden und anschließend umknicken: Damit wird das Kostüm an Berti befestigt!

Hast du die Seite 123 gelesen? Dann kannst du die Anziehsachen ausschneiden!

Willst du noch mehr Faschingskostüme für Berti?

Dann lege den Bären auf Papier, und fahre die Umrisse mit Bleistift nach! Male dann das Kostüm an, und schneide es aus.

Achtung!

Festhalter nicht vergessen!

Berti von hinten

Kinderpunsch

▶ Du brauchst:

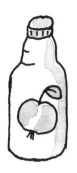

1 Flasche
Apfelsaft

½ l Früchtetee

2 Zitronen

2 Orangen

2 Beutel
Glühweingewürz

Honig

sirup

▶ So wird's gemacht:

⚀ Gieße den  und den
in einen sehr großen  .

⚁ Presse die und die aus!

⚂ Gieße den , den und
den sirup in den .

⚃ Hänge die in den !

Stelle den auf den .

Der Punsch soll heiß werden, aber nicht

kochen!

⚄ Süße nach Geschmack mit !

⚅ Lass den Punsch etwas ab-
kühlen, und fülle ihn dann vorsichtig mit

einer in die

Prost!

Lösungen

Heft 1 – Der Frühling

S. 6 Diese Fotos solltest du ausmalen: erste Reihe – **viertes** Bild, zweite Reihe – **zweites** Bild, dritte Reihe – **fünftes** Bild, vierte Reihe – **drittes** Bild, fünfte Reihe – **zweites** Bild, sechste Reihe – **fünftes** Bild.

S. 7 Diese fünf Kleinigkeiten sind auf beiden Ansichtskarten gleich: das **Flugzeug**, das **Auto**, der **Hund**, die **Bank** und **Berti**.

S. 9 Während Wurlis Winterschlaf hat sich Folgendes verändert:
1) Jn der **Kuckucksuhr** sitzt ein **Frosch**,
2) das **Bild** an der Wand zeigt **zwei Mäuse**,
3) die **Blume** auf dem Fensterbrett ist **gewachsen**,
4) aus der **Pfanne** ist ein **Topf** geworden,
5) die **Tasse** auf dem Nachttischchen ist **verschwunden**,
6) die **Hausschuhe** haben sich in **Gummistiefel** verwandelt,
7) der **Ball** hat ein **anderes Muster**,
8) der **Rollschuh** hat sich in einen **Schlittschuh** verwandelt,
9) die **Tischdecke** hat eine andere **Borte**,
10) die **Kaffekanne** ist **verschwunden**.

S. 10 Berti muss den **rechten** Wasserhahn aufdrehen, damit Opa Bär die Blumen gießen kann.

S. 12 Den **Staubsauger**, das **Telefon**, den **Hammer** und die **Taschenlampe** braucht Berti für die Gartenarbeit bestimmt nicht.

S. 16 Berti ist **5 Jahre** alt geworden.

S. 17 Berti hat einen **Regenschirm**, einen **Teddybären**, ein **Flugzeug** und ein **Glas Honig** bekommen.

S. 18 **Opa Bär** hat sich bewegt.

S. 23 Der **Hund** ist der Eierdieb.

Heft 2 – Der Sommer

S. 38 Den **Schlitten**, die **Pelzstiefel**, den **Schneemann**, die **Schlittschuhe**, die **Mütze**, den **Weihnachtsbaum** und den **Nikolaus** solltest du durchstreichen.

S. 42 Die **Giraffe** ist Bertis Lieblingstier.

S. 45 So hast du richtig verbunden: Angler – Gummistiefel **in der Hundehütte**, Fußballspieler – Fußballschuhe **auf dem Kamin**, Frau mit Hut – Stöckelschuhe **auf dem Fensterbrett**, Reiter – Reitstiefel **am Ast**, Bergsteiger – Bergschuhe **im Baum**, Taucher – Taucherflossen **an der Dachrinne**, Frau im Badeanzug – Badeschuhe **in der Abfalltonne**.

S. 46 Wenn du richtig verbunden hast, siehst du ein **Segelschiff**, ein **Küken**, eine **Krone**, ein **Auto**, ein **Flugzeug**, einen **Vogelkopf**, das **Haus vom Nikolaus** und einen **Stern**.

S. 52 Berti isst am liebsten **Erdbeer-**, **Zitronen-** und **Schokoladeneis**.

S. 53 Das Bild **links unten** ist richtig.

S. 56 Berti hat das **Bild**, die **Blume**, den **Hocker**, den **Teppich** und die **Lampe** weggeräumt.

S. 58 Ein **Jgel** hat sich in dem Durcheinander versteckt.

S. 62 Familie Bär fährt in die **Berge**.

S. 64 Berti hat das **Pferd** beschrieben.